OBSERVATIONS

SUR LE

PROJET DE CODE PÉNAL ITALIEN

PAR

Charles BROCHER

PROFESSEUR A L'UNIVERSITÉ DE GENÈVE

PARIS

ERNEST THORIN, ÉDITEUR

Libraire du Collége de France, de l'École normale supérieure,
des Écoles françaises d'Athènes et de Rome

7, RUE DE MÉDICIS, 7

1877

OBSERVATIONS

PROJET DE CODE PÉNAL ITALIEN

Extrait de la *Revue générale du droit*.

TOULOUSE. — IMP. A. CHAUVIN ET FILS, RUE DES SALENQUES , 28.

OBSERVATIONS

SUR LE

PROJET DE CODE PÉNAL ITALIEN

PAR

Charles BROCHER

PROFESSEUR A L'UNIVERSITÉ DE GENÈVE

PARIS

ERNEST THORIN, ÉDITEUR

Libraire du Collége de France, de l'École normale supérieure,
des Écoles françaises d'Athènes et de Rome

7, RUE DE MÉDICIS, 7

1877

OBSERVATIONS

SUR LE

PROJET DE CODE PÉNAL ITALIEN

Il y a toujours intérêt et profit à suivre les phases parcourues par une transformation législative s'opérant avec sollicitude et pleine connaissance de cause. L'Italie, qui nous a déjà donné ce beau spectacle pour son droit civil et commercial (1), le renouvelle aujourd'hui pour son droit pénal. Le premier livre du projet qui se prépare dès longtemps sur cette matière vient d'être présenté aux Chambres ; et le gouvernement, donnant jusqu'au bout des preuves de son vif désir de ne rien négliger, a fait un nouvel appel à la critique, en répandant, avec une grande libéralité, trois documents d'une grande valeur. Ce sont : 1° le projet de premier livre élaboré par une commission nommée dans les circonstances que nous mentionnerons plus loin, et les procès-verbaux des délibérations se rapportant à ce travail ; 2° un résumé des observations présentées, sur ce texte, par les magistrats, professeurs, avocats et autres savants dont l'avis fut demandé ; 3° le projet définitif élaboré sur ces bases par M. Mancini, actuellement ministre de la justice et dès longtemps connu comme criminaliste éminent (2). — Ce projet est précédé d'un rapport, soit exposé des motifs, œuvre éloquente et savante du même auteur, qui eut, comme nous le verrons plus tard, l'avantage de suivre dès l'origine ce beau travail législatif.

Le tout ne constitue pas moins de trois volumes, formant ensemble 791 pages in-4°, portant sur les plus hauts problèmes de la science.

---

(1) Le 25 juin 1865 furent promulgués le code civil, le code de procédure civile et le code de commerce.

(2) Voir *Lettere interno alla filosofia del Diritto , e singolarmente intorno alle origini del Diritto di punire , di Mamiani e Mancini* , intéressante publication qui remonte à plus de trente ans et en était à sa cinquième édition en 1865.

Voir traiter de tels problèmes par les autorités les plus compétentes est une bonne fortune qui se présente rarement et dont on serait coupable de ne pas chercher à tirer tout le parti possible. Nous instruire nous-mêmes; diriger l'attention sur cette mine féconde où législateurs, magistrats, savants et modestes adeptes de l'étude peuvent puiser à pleines mains; réussir peut-être à présenter quelques observations utiles, tels sont les motifs qui nous ont poussé à entreprendre ce travail. Nous regrettons que d'impérieux devoirs nous aient empêché d'y consacrer plus de temps.

Les documents dont il s'agit ne sont que le couronnement d'efforts antérieurs et remontant à une époque déjà lointaine. M. Mancini nous en montre l'origine dans une proposition faite par lui, comme simple député, pour l'abolition de la peine de mort et l'unification du droit pénal, projet qui souleva dans l'origine une forte opposition de la part du Sénat.

Le texte actuel se rattache, plus ou moins directement, aux travaux de deux commissions chargées, l'une, par décret du 15 novembre 1865, de proposer les réformes à faire dans le système des peines, afin de fournir une base pour l'élaboration d'un code; l'autre, par décret du 12 janvier 1866, de réunir les documents nécessaires à la composition de ce code.

Ces deux commissions se fondirent en une seule et le projet qui en résulta fut transmis à la magistrature pour qu'elle présentât ses observations. Ce nouveau travail obtenu, le tout fut renvoyé à une commission de trois membres chargés de rédiger le projet définitif.

Les graves modifications proposées par cette commission ne furent pas agréées, et deux ministères successifs poursuivirent l'œuvre d'une troisième élaboration. Il en résulta un projet qui, après avoir été adopté avec quelques amendements par le Sénat, en date du 25 mai 1875, fut renvoyé par la Chambre des députés à une commission de quinze membres.

Les choses en étaient là quand survint le changement de ministère, en mars 1876. La commission fut conservée, sauf à devoir statuer sur divers amendements qui devaient lui être soumis au sujet de son premier travail. Elle consacra neuf séances au livre premier; vinrent ensuite les observations mentionnées ci-dessus, et c'est d'après ces documents divers que le projet actuellement présenté fut définitivement arrêté par le ministre lui-même.

Ce premier livre est intitulé : *Des délits (reati) et des peines en général*. Il se divise en dispositions préliminaires et en trois titres s'occupant successivement des peines, des délits, de l'extinction de l'action pénale et des peines. Nous aborderons ces sujets dans quatre paragraphes distincts.

§ 1er.

Les dispositions préliminaires se rapportent à trois sujets : définition des délits, article 1; disposition transitoire, article 2; droit international, articles 3 à 9; champ d'application des règles contenues au Code, article 10.

Tous lès mots de l'article 1er ont été soigneusement pesés, et presque chacun d'eux contient une doctrine. La critique soulevée par lui se rapporte à deux chefs principaux : 1° il ne se contente pas d'exiger une disposition *expresse* de la loi pour qu'il y ait délit, il veut encore qu'il s'agisse d'une loi pénale; 2° il maintient l'ancienne division tripartite en crimes, délits et contraventions.

Quant au premier point, le rapport nous enseigne que l'adjonction du mot *pénal* n'a pas eu pour but de refuser la qualification de délits aux faits qui ne seraient pas compris dans le code pénal ou dans une autre loi répressive dans son ensemble, mais à ceux qui ne sont pas frappés d'une véritable peine dans le sens technique du mot. Il applique cette distinction à certaines déchéances et même à certaines amendes qui ont un caractère civil, celles qui se rapportent à la tenue des actes de l'état civil, par exemple. Cette rédaction ne nous semble pas heureuse; elle prête au doute, et l'on pourrait peut-être la remplacer avantageusement en ajoutant à l'article : « Quant aux faits qui sont frappés, par des lois spéciales, de peine purement civiles ou disciplinaires, ils ne rentrent pas sous la dénomination de délits et sont soumis à d'autres règles. »

Quant à la division tripartite en crimes, délits et contraventions, nous ne saurions blâmer le projet de l'avoir conservée. Nous croyons, avec M. le rapporteur, qu'il y a là une terminologie commode et dès longtemps consacrée. Nous ajouterons

qu'elle repose sur un élément légal et qu'elle est généralement
d'accord avec la nature des choses, le législateur frappant des
peines les plus fortes les actes qui lui paraissent les plus graves. La qualification de peines infamantes doit seule être évitée,
ce que le projet a fait. Nous craignons seulement qu'il ne se
soit trop écarté de ce système en ajoutant qu'il y aurait deux
genres de contraventions : 1° les faits qui ne sont frappés que
de peines de simple police ; 2° ceux que le législateur a main-
tenus dans cette catégorie par suite de leur *nature intime*, bien
qu'il les ait soumis à des peines plus sévères.

Nous ne pourrions nous permettre de juger définitivement
un système que nous ne pouvons pas encore apprécier dans les
développements qu'il doit recevoir ; mais nous craignons qu'il
n'y ait là une cause de perturbation. Bien des questions se
présentent ; outre la difficulté de dire, avec précision, quels
sont les faits que leur nature intrinsèque doit faire considérer
comme simples contraventions. Ces deux catégories seraient-
elles en tout soumises aux mêmes règles et à la même juridic-
tion ? Peut-on, sans inconséquence, classer les faits tant par
leurs caractères internes que par le critère extérieur de la
peine ? La loi ne sort-elle pas de son rôle en se livrant à des
qualifications morales ? Ne justifierait-elle pas ainsi le reproche
le plus souvent adressé à la division tripartite conservée par le
projet ? N'est-ce pas à l'opinion publique qu'il faut appeler en
telle matière ? Ne suffit-il pas que le législateur ait égard à la
nature des faits pour la fixation des peines et la réglementation
des conséquences qui peuvent y être attachées ?

L'article 2 sanctionne le principe d'après lequel la loi pénale
ne doit rétroagir que dans le cas où elle est plus favorable à
l'accusé. Le bénéfice de cette règle est étendu même aux personnes déjà condamnées définitivement. C'est là une belle disposition. Le scrupule d'une violation de la chose jugée se trouve
suffisamment écarté, parce que le jugement est maintenu, sauf
à en adoucir les effets conformément à la loi nouvelle. Il reste
à dire, nous semble-t-il, quelle sera l'autorité compétente en
telle matière, si elle agira d'office, suivant quelles formes on
devra procéder.

Les articles 3 à 8 nous mettent en face des plus graves difficultés du droit international en matière de droit répressif.

Toutes ces questions, si vivement discutées de nos jours, s'agitent autour d'un seul et même problème, celui de la territorialité du droit pénal : Chaque Etat ne doit-il punir que les faits commis à l'intérieur de ses frontières ? doit-il faire abstraction de cette circonstance ? doit-il combiner les deux règles et dans quelles proportions ?

Le premier de ces systèmes s'appuie fortement sur les principes généraux qui dominent le droit pénal et sur les exigences de la procédure en telle matière ; mais diverses causes et, tout spécialement, les grandes divergences qui existent dans cette branche de la justice, s'opposeront longtemps encore à ce qu'on s'y arrête exclusivement.

Le second a sa source : 1° dans les théories absolues qui, confondant plus ou moins le droit et la morale, considèrent l'infliction d'une peine comme étant en elle-même et sans autre but un devoir pour l'Etat ; 2° dans l'exagération ou fausse application d'un principe vrai en soi. Une sorte de solidarité existe à cet égard entre les nations ; elles ont un intérêt et un devoir communs à s'aider réciproquement dans l'administration de la justice. On en conclut que chaque Etat doit punir les coupables tombés en son pouvoir.

Le troisième est le plus généralement adopté. C'est lui qui répond le mieux à l'état actuel des faits et des idées ; mais il est dans sa nature de présenter une grande variété : il sert de base aux dispositions du projet, où il est développé avec un soin remarquable (1).

L'article 3 soumettant à la loi italienne tous les faits commis sur le territoire, ajoute qu'il sera tenu compte de la peine qui aurait déjà été subie pour le même fait à l'étranger.

Aux termes de l'article 4, les faits commis hors du territoire, tant par les nationaux que par les étrangers, ne seront punis en Italie que dans les cas expressément énoncés.

L'article 5 a pour but, comme le dit le rapport (page 52), de protéger l'Etat contre les faits commis à l'étranger portant atteinte à ses intérêts politiques et économiques. Il leur appli-

---

(1) Toutes ces questions ont été traitées avec quelques développements dans *Etude sur les conflits de législations en droit pénal* que nous avons insérée dans la *Revue de droit international de Gand*, année 1875.

que la règle énoncée article 3. On se demande si les intérêts sociaux ne devraient pas faire, dans certains cas, l'objet d'une disposition analogue. L'ordre interne n'est-il pas atteint par les faits qui portent la perturbation dans l'état politique ou civil des nationaux? La bigamie, certains cas d'adultère, les altérations ou les faux commis dans les actes de l'état civil, ne troublent-ils pas l'ordre social interne, même dans les cas où ils se réalisent à l'étranger? Ces faits peuvent, il est vrai, rentrer dans les articles suivants; mais est-il prudent de les soumettre aux restrictions qui s'y trouvent énoncées?

Les articles 6, 7 et 8 s'occupent des autres cas de faits commis à l'étranger. Quant aux nationaux, le projet distingue entre les crimes et les délits. Ces derniers ne sont punis que s'il y a plainte de la partie lésée ou réclamation de l'Etat étranger. La punition des étrangers n'est que facultative. On distingue divers cas : s'il s'agit de crimes ou de délits commis contre des nationaux ou contre l'Etat italien, on ne peut agir, en matière de délits, que s'il y a plainte de la partie lésée.

Les faits commis contre des étrangers ne peuvent être punis que s'il s'agit de crimes, et si l'extradition a été offerte à l'Etat étranger et refusée par lui. Il faut, de plus, qu'il y ait un traité d'extradition entre les deux Etats ou, s'il n'y en a pas, que le crime rentre dans telles catégories énoncées. L'étranger peut toujours être expulsé sans qu'il y ait des poursuites. Il le sera après l'exécution de sa peine, s'il est condamné.

Ces règles des articles 6 et 7 sont, en outre, soumises aux conditions et aux restrictions suivantes : Il faut que le fait soit puni par les deux législations en présence. L'accusé doit toujours avoir le bénéfice de la disposition la plus douce. L'action ne doit pas être éteinte aux termes de l'une ou de l'autre des deux lois. Il ne doit pas s'agir de faits pour lesquels l'extradition ne pourrait pas avoir lieu, aux termes de l'article 9, § 2, relatif aux affaires politiques. On ne peut agir si l'accusé déjà jugé à l'étranger a été acquitté, s'il a subi sa peine ou si cette peine est éteinte. Il est tenu compte de la peine subie en partie seulement.

L'article 9 défend d'extrader un national. L'extradition ne peut être offerte ou consentie que par ordre du gouvernement; elle ne peut avoir lieu pour faits politiques et pour faits leur étant connexes. Elle ne doit pas nécessairement avoir été l'objet d'un traité.

Nous avons en Suisse une belle loi, qui serait certainement à sa place dans le droit italien. L'article 58 de notre loi du 27 juin 1874 sur l'organisation judiciaire veut que le tribunal fédéral statue sur les demandes d'extradition qui sont formulées en vertu des traités, pour autant que l'application de ces traités est contestée. Une telle disposition serait-elle trouvée dangereuse dans un grand Etat ?

§ 2.

Le titre I se compose de trois chapitres traitant successivement : 1° des diverses espèces de peines ; 2° de leur mesure, de leur gradation et du passage de l'une à l'autre ; 3° de l'exécution et des effets des jugements intervenus en matière répressive.

Cette partie du projet ne saurait nous arrêter bien longtemps, malgré son importance. C'est comme un arsenal où sont exposées les armes auxquelles on recourra pour la défense de l'ordre social. On ne saurait les apprécier définitivement avant d'avoir vu comment il en sera fait usage. Quelques détails sont toutefois nécessaires pour l'intelligence de ce qui doit suivre. Les peines sont nombreuses, diverses, réparties en degrés assez rapprochés, le tout afin de pouvoir satisfaire, soit aux exigences de l'ordre et de la sécurité, soit à ce que semble réclamer la diversité des personnes et de leur culpabilité morale, sans trop abandonner à l'appréciation du juge.

On retrouve naturellement ici la division tripartite mentionnée dans le premier article de cette étude.

Les peines criminelles sont les travaux forcés à perpétuité sur lesquels nous reviendrons plus tard ; la réclusion qui est subie dans les établissements pénitenciaires et consiste en une ségrégation cellulaire pendant la nuit avec obligation d'un travail en commun et du silence pendant le jour ; la relégation subie dans des châteaux ou autres lieux à ce destinés, avec travail facultatif pendant le jour et ségrégation cellulaire pendant la nuit ; l'interdiction des offices publics.

Les peines correctionnelles sont la prison subie dans une

maison de correction, avec ségrégation cellulaire pendant la nuit et l'obligation d'un travail en commun pendant le jour ; la détention subie dans des maisons à ce destinées ; le confinement ou l'exil local dont nous parlerons plus tard ; la suspension des offices publics ; l'amende. L'article 22 ajoute que cette peine peut varier de cinquante et un à cinq mille francs en matière correctionnelle et dix mille francs en matière criminelle; elle devrait, semble-t-il, figurer dans la première catégorie.

Ceux qui sont condamnés à la détention pour délits de presse ne la subissent pas dans les mêmes lieux que les autres délinquants.

La loi détermine les cas dans lesquels les peines de la réclusion, de la relégation , de la prison et de la détention peuvent être subies dans des maisons de surveillance , avec ségrégation cellulaire pendant la nuit et obligation d'apprendre une profession pendant le jour.

Les peines de police sont les arrêts subis dans des maisons à ce destinées; une amende de un à cinquante francs; la suspension de l'exercice d'un office, d'une profession ou d'un art exigeant une licence de l'autorité.

La loi détermine les cas où celui qui a été condamné à des peines criminelles ou correctionnelles peut être soumis à la surveillance spéciale de la police , après avoir subi son châtiment.

Le juge ne peut ni augmenter, ni diminuer, ni changer aucune peine, si ce n'est dans les limites et dans les cas déterminés ou permis par la loi. Nous ne tarderons pas à voir que le projet réglemente ce sujet avec précision , en déterminant soigneusement toutes les circonstances qui doivent aggraver ou atténuer les peines. Il abandonne aux juges le soin de constater ces circonstances, mais il ne leur laisse qu'un pouvoir restreint pour la fixation définitive du châtiment.

Nous ne pourrions, sans dépasser les limites que nous devons nous imposer, rappeler ici tous les détails contenus au projet, quant à la durée des peines, à la substitution des unes aux autres et quant aux conséquences qu'elles doivent avoir ; il faut nous arrêter à ce qui est indispensable pour donner une idée suffisante de la loi proposée, loi qui serait d'ailleurs complétée par des règlements d'exécution.

La condamnation à la peine des travaux forcés à perpétuité emporte privation de la puissance paternelle, de l'autorité maritale et du droit de tester. Le testament antérieur est frappé de nullité.

S'il s'agit de réclusion, il peut aussi y avoir privation de puissance paternelle et d'autorité maritale.

Il y a interdiction légale durant les peines des travaux forcés à perpétuité et de la réclusion.

La condamnation à des peines criminelles ou correctionnelles emporte de plein droit la confiscation du corps du délit et des choses appartenant au condamné, qui ont servi ou devaient servir de moyen pour la perpétration. Quand il s'agit de choses dont la loi défend l'usage ou la possession, elles sont confisquées dans les cas mêmes où il n'y aurait pas condamnation et où elles n'appartiendraient pas à l'inculpé.

Ceux qui sont condamnés pour un même fait, sont tenus solidairement des restitutions, des dommages et des dépens.

Il est tenu compte de l'emprisonnement subi jusqu'au jour où le jugement est définitif.

Il peut y avoir indemnité pécuniaire pour atteinte à l'honneur des personnes ou des familles, lors même qu'il n'y aurait pas eu dommage matériel.

Le régime pénitenciaire paraît devoir être largement pris en considération. Diverses institutions consacrées par le projet semblent s'y rapporter; telles sont l'emprisonnement dans une maison de surveillance, le travail hors de la prison, soit exécuté dans une colonie pénale, agricole ou industrielle, ou s'appliquant à des travaux publics ou autres, dirigés, soudoyés et surveillés par l'administration. Citons encore la libération provisoire et conditionnelle. Le confinement et l'exil local pourraient aussi, dans certains cas, rendre de grands services à cet égard, bien que ces peines soulèvent des objections dont nous parlerons plus tard.

Le projet et le rapport nous semblent s'écarter de ces vues philanthropiques quand il s'agit des travaux forcés à perpétuité, *ergastolo*, destinés à remplacer la peine de mort.

On nous parle d'une vie entière soumise à un travail forcé, dans une cellule et sans aucun contact avec les autres condamnés.

Des preuves d'amendement peuvent seules procurer l'atténuation d'un travail en commun, dans le silence et pendant le jour; encore faut-il que la peine ait duré dix ans ou que l'état physique ou moral du condamné lui rende le régime ordinaire intolérable.

Cette faveur peut d'ailleurs être retirée s'il y a mauvaise conduite; et, c'est en en rendant les conditions plus difficiles, qu'on pourvoit aux augmentations de peines qui peuvent devenir nécessaires dans certains cas.

Le rapport nous représente cette peine comme subie dans les lieux les plus lugubres et les plus effrayants que l'imagination puisse se figurer; vrais tombeaux d'êtres vivants que la société a rejetés de son sein! existence peut-être pire que la mort!

Ce sont là, nous aimons à le croire, des exagérations nées du besoin de faire ressortir ce que de tels châtiments peuvent inspirer de terreur.

L'humanité ne perd jamais ses droits: il y aurait, dans les règlements, des adoucissements à ces rigueurs; et, s'il devait en être autrement, on se demanderait si détruire le corps subitement, une fois pour toutes, ne serait pas préférable à une consomption graduelle risquant d'abrutir l'âme par de perpétuelles étreintes du désespoir. Ajoutons que de pareils tourments, secrètement subis en des lieux d'où l'on ne doit pas sortir, seraient généralement sans force préventive. Nous demanderons encore s'il est bien juste et convenable de frapper de nullité le testament, même antérieur, du condamné.

La peine du confinement et celle de l'exil local soulèvent de graves scrupules quant aux applications indiquées, articles 18, 19, 31 et 48 du projet. Elles pourraient apporter une perturbation profonde dans l'existence du condamné.

Il serait difficile d'en prévoir les effets parce qu'ils présentent un caractère essentiellement aléatoire et variable suivant les circonstances.

Vivre séquestré dans une commune indiquée par le jugement, à une distance de soixante et dix kilomètres au moins de celle où le délit a été commis et de celles où les personnes offensées ou le coupable lui-même ont leur domicile ou leur résidence, constitue la peine du confinement; cette séquestration se rapporte nécessairement au jour du jugement; mais qu'arrivera-t-il s'il y a changement dans le domicile ou la résidence des personnes prises en considération ?

L'exil local emporte obligation de se tenir éloigné de vingt kilomètres au moins des communes indiquées ci-dessus. Le juge peut aussi défendre de se rendre en pays étranger ou d'habiter certaines communes déterminées. Cette peine soulève une question pareille à celle que nous venons de poser et que l'article 48 semble résoudre en tenant la personne condamnée complétement à la merci de celles qui ont eu à se plaindre. Celui qui a commis un homicide ou s'est rendu coupable de coups ou blessures volontaires ayant produit la mort, ne peut, après avoir subi sa peine, habiter à une distance moindre de cinquante kilomètres des lieux où l'ancien époux et les parents ou alliés de la victime jusqu'au troisième degré, résident habituellement, s'il n'y a consentement donné par acte authentique ou reçu par l'autorité préposée à la sûreté publique.

Tout cela n'est-il pas dur, aléatoire et variable ? N'en résultera-t-il pas aussi, bien souvent, de grandes incertitudes sur le domicile juridique des personnes placées en de telles circonstances ?

§ 3.

Le titre 2, intitulé *Dei reati*, des délits ou faits punissables, aborde le grave problème de l'imputabilité et des gradations de peine qui peuvent s'y rapporter. Il traite successivement, en autant de chapitres : 1° des causes qui excluent ou diminuent la responsabilité pénale ; 2° de la tentative et du délit manqué ; 3° de la participation de plusieurs personnes au même délit ; 4° du concours des délits et des peines ; 5° des circonstances aggravantes ou atténuantes communes à tous les délits.

A. L'article 59 déclare non coupable celui qui, au moment où le fait s'est produit, était dans un état de folie, ou privé, par quelque cause que ce fût, de la conscience de commettre un délit, ou contraint par une force à laquelle il n'a pu résister. L'article 61 ajoute que l'imputabilité n'est pas supprimée ni même diminuée par l'ignorance de la loi.

Les aliénistes parlent, depuis longtemps, d'une perturbation qu'ils appellent *manie sans délire* et qui paraît laisser l'intelligence intacte, tout en la privant de son influence normale sur la volonté. Il semble résulter de l'article 59 et du rapport, que cette maladie ne serait comprise ni sous le mot *folie*, ni sous la seconde disposition de l'article d'où elle est implicitement exclue ; mais qu'elle pourrait rentrer dans la disposition finale. La qualification d'extérieure, généralement donnée à la contrainte, a été retranchée, dit-on, précisément afin qu'on pût y comprendre certaines affections internes. Il semble douteux que le texte de l'article s'interprète naturellement dans ce sens qui donne aux termes une acception peu usitée. La suppression du mot *extérieure* pourra s'expliquer par cette circonstance que c'est à l'intérieur, par l'effet de la crainte, que la violence agit le plus souvent.

Ne pourrait-on pas, d'ailleurs, aller bien loin dans la voie d'interprétation que le rapport semble ouvrir ? Les passions n'acquièrent-elles pas souvent un empire irrésistible, sans cesser toutefois d'être coupables, parce qu'on ne les a pas suffisamment combattues en temps utile ?

Toute définition est périlleuse, disait la sagesse romaine. Il peut être quelquefois prudent de renoncer aux formules trop précises et trop savantes, pour s'en tenir à des énonciations plus larges et plus élastiques. Il y a des questions de conscience que la conscience seule peut résoudre et résout en effet. Il faut beaucoup abandonner à sa libre appréciation ; tout ce que l'on peut faire, c'est de lui donner quelques directions et de la soumettre, si possible, à quelque contrôle. C'est principalement, nous semble-t-il, dans l'action combinée des jurés et des juges qu'un tel contrôle doit être cherché. Ne pourrait-on pas déclarer non coupable celui qui, au moment où l'acte est intervenu, ne pouvait en être responsable, par suite de folie ou autre défectuosité ou perturbation des facultés intellectuelles ou morales ? Viendrait ensuite ce qui tient à l'ignorance ou à l'erreur de fait ou de droit et à la contrainte provenant d'une cause extérieure bien que s'exerçant souvent à l'intérieur.

Ajoutons que les exigences de l'ordre social ne nous semblent pas réclamer qu'on écarte d'une manière absolue, comme le fait le projet, toute prise en considération de l'ignorance ou de l'erreur de droit. Il y a là, croyons-nous, un élément moral dont il serait injuste de faire complétement abstraction. Si les causes mentionnées au projet ont considérablement diminué la responsabilité de l'agent, sans la mettre à néant, la peine est abaissée de un à trois degrés ; il peut aussi, être ordonné qu'elle soit subie dans une maison de surveillance.

Ces règles s'appliquent à l'état d'ivresse quand elle produit les effets mentionnés ci-dessus. Ajoutons, cependant, que s'il n'y a pas eu absence totale de liberté morale, la peine n'est diminuée que d'un degré si le coupable se met habituellement en cet état, et qu'il n'y a pas d'atténuation si le coupable s'est enivré pour faciliter l'exécution du délit ou pour se procurer une excuse.

Cette doctrine se rapportant à l'ivresse semble provoquer les questions suivantes : 1º Ne peut-il pas y avoir certains cas où ce fait provenant d'erreur ou de quelque accident serait exempt de toute culpabilité ? Ne devrait-il pas alors participer aux mêmes bénéfices que les autres perturbations des facultés intellectuelles ou morales ? 2º N'y aurait-il pas des réserves à faire pour les cas où il s'agirait à la fois d'un état d'ivresse qu'il était possible de prévenir et d'un délit de simple négligence ou imprudence, d'homicide, de coups ou blessures involontaires, par exemple ?

La légitime défense de soi-même ou d'autrui fait disparaître toute culpabilité. On la considère comme légitime quand elle est nécessaire pour repousser une attaque injuste et actuelle (art. 63). Plusieurs questions se présentent ici : Est-on tenu d'attendre, pour se défendre, qu'on soit réellement attaqué ? Le code pénal français ne s'exprime-t-il pas avec plus de justesse, en parlant (art. 328) d'une nécessité actuelle de la défense ? Ne faudrait-il pas prévoir le cas où il y aurait excès dans la défense, où recours à des moyens disproportionnés à la gravité du mal dont on est menacé ?

Les articles 64, 65 et 66 s'occupent de l'influence de l'âge sur la responsabilité pénale. Il n'y a pas imputabilité jusqu'à l'âge de neuf années accomplies. Depuis cet âge à celui de quatorze ans passés, il y a imputabilité si des preuves de discernement résultent des débats ; mais la peine est diminuée de deux ou trois degrés ; et, si elle est privative de liberté, elle est subie dans une maison de surveillance. Si le discernement n'est pas établi, l'inculpé peut être placé, par ordre du juge, dans une maison d'éducation ou de correction, pour un temps ne dépassant pas l'âge de majorité ; ou remis à ses parents ou autres personnes chargées de son éducation ; le tout avec obligation de veiller sur sa conduite, sous peine d'une amende qui pourra s'élever jusqu'à cinq cents francs. De quatorze à dix-huit ans accomplis, la peine est diminuée d'un ou deux degrés. De dix-huit à vingt et un ans accomplis, la peine est diminuée d'un degré.

La privation des droits politiques et civils énumérés dans les articles 20 et 41, § 2, n'est pas admise contre les condamnés qui ont moins de dix-huit ans.

Les sourds et muets sont à l'abri de toute responsabilité pénale jusqu'à l'âge de quatorze ans accomplis ; passé cet âge, ceux contre lesquels il y a des preuves de discernement sont mis au bénéfice des atténuations accordées à la période qui précède celle dans laquelle ils se trouvent. S'il n'y a pas de preuve de discernement, on fait l'application de la règle énoncée plus haut pour la période de neuf à quatorze ans accomplis. Cette dernière disposition paraît devoir soulever quelques difficultés d'application, parce que la limite naturelle résultant de la majorité ne se présente pas dans cette conjoncture. Le pouvoir administratif, plus libre dans son action, serait peut-être mieux placé pour faire le nécessaire en telle occurrence.

B. La tentative et le délit manqué forment un des sujets les plus ardus et les plus instructifs du droit pénal. En théorie, on s'y trouve directement en présence des éléments divers qui servent de base à ce droit. En pratique, il faut souvent y reconnaître et apprécier des nuances de faits qui, peu tranchées en apparence, n'en constituent pas moins des types d'une grande importance.

Distinguant les actes d'exécution de ceux qui sont purement préparatoires, le projet aborde successivement trois hypothèses se rapportant aux premiers :

Si l'agent s'est arrêté spontanément, il n'est recherchable qu'au sujet des faits consommés et punissables en eux-mêmes, abstraction faite du résultat qu'ils devaient produire.

Il ressort de la nature des choses et du rapport, que la même règle est applicable aux actes purement préparatoires.

Si l'agent n'est arrêté que par des circonstances fortuites et indépendantes de sa volonté, la peine du délit consommé lui est applicable avec un abaissement de deux ou trois degrés ; s'il a commis tous les actes nécessaires et que des circonstances fortuites et indépendantes de sa volonté l'aient empêché d'atteindre au but, il y a délit manqué, puni de la même peine diminuée d'un degré seulement.

Si les actes commis peuvent se rapporter à plusieurs délits et qu'on ne puisse découvrir lequel était dans la volonté de l'agent, il faut s'arrêter au moins grave.

Une difficulté surgit de ces dispositions d'ailleurs conformes aux exigences de la doctrine actuelle. On voit en combinant le texte et le rapport (page 177) que, pour être punissables, les actes d'exécution doivent être capables de produire l'effet recherché. S'il s'agissait de faits impuissants, l'agent pourrait y insister et les répéter sans que la perpétration du délit devînt possible. Suffisamment protégé par les lois de la nature, l'ordre social n'aurait pas besoin de recourir à une disposition pénale. C'est pourquoi, nous dit-on, l'absolue inefficacité du moyen étant reconnue, l'imputabilité disparaît, dans les cas mêmes où les intentions dépravées de l'agent révèlent une grande immoralité. Cette doctrine repose sur l'absence de tout danger. Disons d'abord qu'une telle base ne saurait être définie et circonscrite avec trop de soin; et que, malgré la peine qu'on s'y donnera, bien des difficultés en surgiront. L'analyse de quelques faits nous mettra peut-être sur la trace de la solution recherchée.

Quand un homme veut en tuer un autre au moyen d'une arme à feu, bien des circonstances peuvent déjouer une telle entreprise. L'arme n'était pas chargée; elle ne l'était qu'à poudre; elle l'était mal, elle a fait long feu et la balle s'est arrêtée à une très-faible distance; tout était régulier, mais la victime désignée était trop éloignée; elle aurait pu être atteinte, mais elle a fait un mouvement qui l'a mise à l'abri; l'agent a visé trop haut ou trop bas, trop à droite ou trop à gauche; il a fait un mouvement au moment de tirer. On peut dire que, dans tous ces cas, les lois de la balistique ont fait manquer le but. Nous ne pensons pas, toutefois, que toutes ces hypothèses doivent être résolues de la même manière; mais les limites qui les distinguent ne sont pas faciles à tracer. Il semble qu'on doive admettre le délit manqué toutes les fois que c'est la maladresse de l'agent qui est la cause de ce que le but n'a pas été atteint. Il serait difficile de dire que, dans ce cas, il n'y a pas eu danger couru. Il y a là quelque chose de plus ou moins aléatoire, ce qui nous conduit à rechercher quand le hasard suffira pour faire écarter toute idée de danger et mettre, en conséquence, l'acte dont il s'agit à l'abri de toute peine. Il semble qu'on ne puisse pas dire qu'il y a eu absence totale de danger quand les chances qui l'ont détourné ne sont intervenues que dans les actes de perpétration ou dans les circonstances concomitantes. Elles auraient pu ne pas se produire, ou se produire multiples et se neutraliser réciproquement.

Nous craignons que cette impuissance à la fois absolue et originelle, donnée comme nécessaire pour écarter toute idée d'un danger relativement au fait déterminé qui devrait constituer le délit, ne soit pas suffisamment exprimée dans le texte du projet par le mot *efficace*, mot équivoque et qui semble même se rapporter à l'effet réel plutôt qu'à sa possibilité. Ajoutons qu'en l'absence de tout danger réel quant à la consommation du délit, il n'y en a pas moins un mal produit par l'insécurité naissant de tels faits. Il y a là plus que de l'immoralité, il y a menace résultant d'un acte extérieur ; et, si la société n'a pas intérêt à prévenir le fait en lui-même, il en est autrement des craintes qui surgissent de cette révélation des projets et de la volonté de telle personne. Punir les actes consommés pris en eux-mêmes, abstraction faite du but qu'ils devaient atteindre, ne saurait suffire, parce que c'est précisément ce but qui caractérise le mal qui s'est produit et qui en est la cause.

Toutes ces idées nous semblent difficiles à exprimer dans la définition de la tentative et du délit manqué. Nous préférerions déclarer dans une disposition additionnelle que si le moyen employé était dès l'origine absolument incapable de produire l'effet recherché, les peines édictées dans les articles 68 et 69 seraient encore baissées d'un ou deux degrés ou transformées en confinement ou exil local. Ces peines, que nous avons critiquées plus haut, pourraient, nous semble-t-il, être convenablement appliquées en telle occurrence.

C. De nombreuses complications naissent du concours de plusieurs personnes au même délit. Comme dans la tentative, les faits y présentent des nuances délicates qu'il faut ramener à un certain nombre de types soumis à des règles différentes.

La terminologie même est douteuse en telle matière. On peut incliner à qualifier auteurs ceux qui ont été causes principales dans la perpétration du fait, et complices, ceux qui n'y ont pris qu'une part secondaire. Mais tout délit supposant un triple élément intellectuel, moral et physique, l'on se demande si chacun de ces aspects du sujet doit être également pris en considération. Il paraît convenable de le faire, quand on s'arrête à la théorie pure et quand on admet en principe que le complice doit être puni moins sévèrement que l'auteur. L'usage semble, toutefois, s'être prononcé dans le sens opposé : Tout délit se manifestant par un acte extérieur, on s'arrête généralement à cet acte, et à la participation plus ou moins directe que chacun y a prise. Outre l'avantage d'une nomenclature plus ou moins fixée, ce système est d'une application plus simple et plus facile ; le projet l'a pris comme base, tout en faisant des réserves quant à la sévérité des peines.

Les exécuteurs immédiats et directs de l'acte constituant le délit sont considérés comme auteurs.

Sont complices : 1° ceux qui par mandat, récompenses, promesses, menaces, abus d'autorité ou de pouvoir, ou par des artifices coupables, ont déterminé d'autres à commettre le délit ;

2° Ceux qui en ont été les instigateurs, ou qui ont donné sciemment des instructions ou directions pour le faire commettre ; ou qui se sont antérieurement concertés avec les auteurs, ou complices du fait, au sujet d'une aide ou assistance à prêter en vue d'assurer les avantages qui doivent en résulter ou d'éluder les investigations de l'autorité ; ceux qui ont procuré sciemment les armes, les instruments ou autres moyens de le commettre ; ceux qui ont sciemment prêté leur coopération au sujet des faits qui l'ont préparé, facilité ou consommé. Quant à la peine, elle n'est pas toujours la même : Celle du délit s'applique aux complices mentionnés sous le n° 1. Elle peut, toutefois, être diminuée d'un degré si l'auteur a également agi sous l'empire de motifs qui lui étaient propres ; elle est diminuée d'un ou deux degrés, dans les hypothèses prévues sous les autres numéros ; mais cette diminution n'a pas lieu dans les cas où le délit n'aurait pas été commis sans l'intervention des complices.

Ces dispositions montrent avec quel soin le rédacteur s'est efforcé de concilier autant que possible les avantages des nombreux systèmes qui se sont produits en cette matière. Quelques doutes peuvent cependant être émis. Ne conviendrait-il pas de dire plus nettement que la complicité suppose un auteur qui n'a pas été un simple instrument inconscient ou involontaire ? Ne faudrait-il pas se réserver la faculté de s'écarter, dans certains cas, de ces règles, dans la partie spéciale, en vue de la nature particulière de certains délits ?

La coopération directe et la complicité soulèvent des questions qui leur sont communes et se rapportent à l'effet plus ou moins expansif, de certaines circonstances ou qualités atténuantes ou aggravantes, propres à un ou plusieurs des auteurs ou complices. Voici comment ces questions sont résolues dans le projet.

Il n'y a pas extension de cet effet quand il s'agit de qualités et de circonstances personnelles. Il est dit seulement que si la circonstance ou qualité personnelle a servi de moyen pour l'exécution du délit, le minimum de la peine ne pourra pas être prononcé contre ceux des auteurs ou complices qui en ont sciemment profité.

Les circonstances matérielles qui aggravent le délit ne nuisent qu'aux auteurs et à ceux des complices qui en ont eu connaissance au moment de l'action ou de la coopération constitutive de leur culpabilité.

Deux questions se présentent ici : les auteurs doivent-ils subir, dans tous les cas, la peine des circonstances aggravantes, comme le texte semble le dire ? La simple connaissance d'un fait déjà consommé doit-elle suffire pour imposer l'aggravation de peine au complice qui n'intervient qu'après ce fait ?

Si ces circonstances matérielles constituent en elles-mêmes un délit, elles ne nuisent qu'à ceux qui en sont auteurs ou complices.

D. On trouve, dans le projet, des dispositions nombreuses et compliquées sur le concours des délits et des peines. S'il y a concours de deux crimes frappés de peines temporaires, on applique la plus forte, en l'augmentant dans les limites relativement fixées. Si le fait le plus grave est puni du maximum, ou s'il y a concours de plus de deux crimes, il peut y avoir augmentation susceptible de s'élever jusqu'à cinq années. Si l'un des crimes est puni des travaux forcés à perpétuité, on ajoute une année pour le plus au temps fixé quant à la possibilité du travail en commun.

S'il y a concours d'un ou plusieurs crimes avec un ou plusieurs délits ou contravations frappées de peines supérieures à celles de police, on applique le châtiment le plus sévère, en l'augmentant dans les limites relativement fixées. Si le maximum de la peine est encouru pour le fait le plus grave, ou s'il y a concours entre plus de deux actes de la nature ci-dessus désignée, ce maximum peut être augmenté de deux années.

S'il y a concours d'un ou plusieurs délits ou contraventions de l'espèce indiquée, avec une ou plusieurs contraventions ordinaires, ou s'il existe seulement deux ou plusieurs contraventions de cette dernière catégorie, on applique séparément la peine correctionnelle et les peines de police, pourvu qu'ainsi cumulées, elles ne dépassent pas le maximum de la prison ou des arrêts. Il y a cumul des confiscations spéciales et des interdictions de droits civils et politiques. Il en est de même, dans certaines limites, des amendes et des privations de liberté qui peuvent leur être substituées.

Les règles dont l'exposition vient d'être faite sont applicables même dans le cas où, après une première condamnation, la même personne est poursuivie pour un autre fait antérieur au premier jugement.

Si un seul et même fait constitue plusieurs infractions à la loi, c'est la peine frappant la plus grave de ces infractions qui est appliquée.

Il n'y a qu'un délit continu, si plusieurs infractions de la même loi pénale ont été commises de manière à former un ensemble. La circonstance que ces infractions ont eu lieu en temps différents n'écarte pas l'application de cette règle, si les faits dont il s'agit sont intervenus en exécution de la même résolution coupable. Le rapport fait observer qu'il ne faut pas confondre résolution et passion. C'est là, comme on le voit, un système où l'on s'est efforcé d'éviter, par de sages combinaisons, les écueils dont le danger se fait sentir dans les deux tendances extrêmes, conduisant l'une à une sévérité outrée et l'autre à l'impunité de certains actes intervenus dans telle ou telle circonstance.

E. La récidive soulève de nombreuses controverses dont il est facile de se rendre compte par l'étude des difficultés qu'elle présente. Si l'on devait se placer uniquement au point de vue d'une répression générale, opposant la réaction de la peine aux séductions du délit, et si l'on tenait à la stricte et complète réalisation de ce système, chaque infraction devrait apparaître comme une preuve de l'insuffisance de la loi et de la nécessité d'y remédier.

Nous n'avons pas à rechercher dans quelles limites de telles considérations peuvent être accueillies ; elles sont plus ou moins étrangères à la doctrine le plus généralement adoptée en matière de récidive. Cette doctrine s'écarte du système de répression générale, pour ne s'occuper que des individus qui ont déjà violé la loi pénale. Ces individus ne se sont-ils pas révélés, par là, comme êtres spécialement dangereux ? Peut-on espérer de les maintenir dans l'ordre, si l'on n'augmente pas, en ce qui les concerne, la sévérité de la loi ? Ces questions, résolues dans un sens affirmatif, en provoquent d'autres : suffira-t-il d'une infraction quelconque pour augmenter les peines de celles qui pourraient les suivre, ou faudra-t-il que ces infractions multiples soient de même nature ? La simple existence d'un délit antérieur suffira-t-elle, ou faudra-t-il qu'il y ait eu jugement ? sera-t-il nécessaire que la peine ait été subie ? Ce sont là de graves difficultés où l'on voit la logique, la justice et l'équité se combiner et conduire à des résultats plus ou moins complexes. Avant d'exposer les dispositions du projet, en cette matière, nous dirons qu'il convient de ne pas perdre de vue que ces dispositions trouvent un complément naturel dans les règles générales qui seront énoncées plus loin quant aux circonstances aggravantes ou atténuantes.

Il y a récidive, suivant le projet, quand, après avoir été condamné définitivement pour un crime ou pour un délit, on commet un autre crime ou un autre délit provenant de la même impulsion coupable. Elle n'a pas lieu s'il s'agit d'actes volontaires d'une part et d'actes involontaires d'autre part.

Les condamnations prononcées par des tribunaux étrangers ou par des tribunaux militaires au sujet de délits militaires non prévus dans le Code pénal ne donnent pas lieu à récidive. Il en est de même des condamnations éteintes par amnistie.

Il n'y a pas aggravation quand, s'agissant d'un jugement portant une peine criminelle, dix années se sont écoulées depuis le jour où la peine a été subie ou autrement éteinte. Le délai n'est que de cinq ans si le jugement a prononcé une peine correctionnelle. Le jour où ces termes doivent se clore n'est pas énoncé directement, mais il semble résulter de la définition donnée ci-dessus que ce doit être celui de la perpétration du nouvel acte. S'il y a récidive de crime à crime, la peine est augmentée d'une à cinq années. On peut y ajouter la surveillance de police pour un terme semblable. Si l'une ou l'autre des deux peines est celle des travaux forcés à perpétuité, le régime intérieur peut seul fournir l'aggravation recherchée.

Celui qui, après avoir été condamné à une peine criminelle ou correctionnelle, commet un délit, subit le maximum de la peine attachée à ce dernier. Il peut même y avoir augmentation d'un ou deux degrés. Si la peine infligée dépasse deux années de prison ou de détention, on peut y ajouter la surveillance de la police pendant le terme d'un à cinq ans.

Celui qui, après avoir été condamné à une peine correctionnelle, commet un crime, ne peut être condamné au minimum de la peine attachée à ce dernier acte.

C'est dans la partie spéciale du Code qu'il sera traité de la récidive en matière de contraventions.

F. La théorie et la pratique du droit pénal se trouvent comme suspendues et tiraillées entre plusieurs éléments, à chacun desquels elles peuvent être tentées de s'arrêter. L'influence de cette lutte se fait sentir sur les règles de la loi, sur les procédés suivis par l'autorité judiciaire et sur les rapports réciproques de ces deux pouvoirs.

Le rédacteur du projet a sagement évité de suivre une tendance exclusive ; mais il n'en avait pas moins un fil conducteur, une idée prépondérante à laquelle les autres se trouvaient plus ou moins subordonnées. C'est ce qui semble apparaître dans ce chapitre, qui s'occupe des circonstances généralement aggravantes ou atténuantes et sert, pour ainsi dire, de couronnement et de clé de voûte à tout le système. On voit que l'auteur adopte comme bases principales de sa doctrine les nécessités sociales et le besoin d'une répression générale, opposant la crainte de la peine aux séductions du délit. Il cherche toutefois, à satisfaire, dans une certaine mesure, aux exigences d'une répression plus ou moins individuelle et aux enseignements de la conscience sur les nuances de la culpabilité morale. Voici comment le rapport s'exprime à cet égard :

« S'il n'est pas possible à la loi de fixer d'avance, avec exactitude et précision, la quotité de la peine à prononcer dans chaque cas se rapportant au même délit, elle ne doit pas non plus abandonner complétement cette fixation à l'arbitraire du juge : ce serait affaiblir et même quelquefois anéantir l'effet du châtiment. Cet effet résulte principalement de la menace d'un mal déterminé et de l'infliction qui en est faite en conformité » (page 230). Il est dit plus loin : « L'opinion publique se rend difficilement compte de la diversité des peines infligées à des actes semblables en apparence, quand cette diversité dépend de circonstances indéterminées. Spécifier légalement ces circonstances contribuera largement au crédit de la justice » (page 240). « Aujourd'hui qu'on a renoncé aux anciennes rigueurs qui s'attachaient à l'intimidation, et qu'on cherche dans la peine un moyen de faire régner le droit, il en résulte qu'en l'infligeant le législateur et le juge doivent tenir compte, non-seulement des éléments intrinsèques du délit, mais encore de tous les rapports dans lesquels l'inculpé se trouve avec le fait, ses causes et ses effets » (page 241).

Le projet énumère huit catégories de circonstances aggravantes, savoir : 1° Action de passions honteuses et déshonnêtes, de motifs légers ou frivoles ; 2° violation de devoirs graves et spéciaux, offense à des sentiments d'humanité, de patriotisme, de famille ; 3° mise à profit d'une calamité publique ou particulière, telle qu'incendie, naufrage, inondation, etc. ; 4° perfidie, ingratitude, fraude et tromperie, abus d'autorité, sévices et cruauté, dans l'exécution ; 5° vie immorale et diffamée comme antécédents ; 6° actes commis au préjudice de personnes faibles ou incapables de se défendre, du conjoint, d'amis, d'hôtes, de supérieurs ou de personnes qu'on a sous sa dépendance ; 7° conséquences dommageables d'une gravité extraordinaire et excessive, grand nombre des personnes qui ont souffert du délit ; 8° certains cas de condamnations antérieures ne constituant pas l'état de récidive légale.

Les circonstances atténuantes forment également huit catégories, savoir : 1° Motifs tirés de l'honneur ou d'autres passions, ou sentiments d'un ordre élevé ; 2° action de la crainte ou d'une impulsion provenant d'une juste cause ; 3° perpétration contre personnes notoirement dangereuses ou turbulentes ; 4° antécédents irréprochablès, services signalés d'utilité publique ; 5° absence ou ténuité de dommage ; 6° repentir efficace se manifestant par une volonté spontanée de prévenir ou d'amoindrir les conséquences fâcheuses de l'acte, ou par un empressement volontaire à y porter remède ; 7° révélation ou dénonciation du délit, aveu de culpabilité bien qu'on ait pu la nier avec avantage ; 8° refus de faire constitution volontaire.

Ces circonstances, dont nous avons abrégé l'exposition autant que possible par une traduction libre, ne doivent pas être prises de nouveau en considération quand elles l'ont déjà été dans la définition du délit ou autres dispositions spéciales de la loi. Ce serait en faire un double emploi contraire au droit.

S'il ne se présente qu'une seule des circonstances aggravantes, le juge peut appliquer le maximum de la peine. Il doit l'appliquer s'il y a plusieurs de ces circonstances ; il peut même le dépasser d'un degré. Mais on ne substituera pas une peine perpétuelle à une peine temporaire. S'il devait en être ainsi, l'on se contenterait d'une augmentation de deux à cinq ans au-dessus du maximum.

Si une seule des circonstances atténuantes se présente, le juge peut appliquer le minimum. Il doit l'appliquer s'il y a plusieurs de ces circonstances ; il peut même descendre à un degré inférieur.

Si des circonstances aggravantes et des circonstances atténuantes se présentent dans un même délit, le juge peut les compenser et n'en pas tenir compte.

En Cour d'assises, les jurés prononcent sur l'existence en fait des circonstances aggravantes ou atténuantes ; c'est au président, ou à la Cour s'il y a contestation, qu'il incombe de décider s'il y a lieu de poser aux jurés la question relative à ces circonstances, parce qu'elles peuvent faire partie intégrante du délit (1). La Cour décide s'il doit y avoir compensation, comme il est dit ci-dessus.

____

(1) Le texte italien s'exprime ainsi : « Spetta invece al presidente, e in caso di

Indépendamment de ce qui précède, si le juge estime, dans sa prudence, que la cause criminelle ou correctionnelle présente des circonstances atténuantes non mentionnées comme telles par la loi, la peine sera diminuée d'un degré.

Si un crime ou un délit puni de réclusion ou de prison a été l'effet d'une impulsion généreuse, le juge peut substituer, dans le même degré, la rélégation à la réclusion, la détention à la prison.

C'est là, comme on le voit, tout un système de minutieuse réglementation légale, dont les traces apparaissent dans l'ensemble du projet. Nous ne voudrions pas en faire l'objet d'une appréciation définitive, avant d'en avoir vu le plein développement dans la partie spéciale et d'avoir pu nous rendre un compte exact de la manière dont il fonctionnerait dans la pratique, où nous ne pouvons pas nous empêcher de craindre bien des complications. Nous devons nous borner à exprimer une impression générale.

Sans discuter une à une les diverses circonstances énoncées, sans examiner si elles ne peuvent pas faire, dans certains cas, double emploi, ou si le même fait ne pourrait pas rentrer sous plusieurs catégories ; sans rechercher si elles ne donnent pas souvent une bien grande importance au hasard et s'il sera toujours facile de dire qu'elles ont été ou non prévues en d'autres dispositions, nous éprouvons quelques doutes sur l'ensemble du système considéré dans ses traits généraux.

Il ne faut pas se le dissimuler d'abord : ces circonstances ne sont énoncées et ne peuvent l'être qu'en termes vagues et élastiques ; elles abandonnent beaucoup à l'appréciation des juges, et conduiront, dans la pratique, à des résultats qui, bien souvent, ne s'écarteront pas notablement de ceux qui se seraient produits sous un régime de circonstances indéterminées. Voici maintenant les scrupules qu'on peut éprouver.

Le système des circonstances indéterminées ne les prend généralement en considération qu'en vue d'un abaissement de la peine. Le projet ne distingue pas entre les motifs d'aggravation

contestazione alla Corte, pronunziare se non debbasi proporre la relativa questione ai giurati perchè il dedotte circostanze facciano parte degli elementi costitutivi del reato. » Il semble en résulter que le jury ne peut statuer sur ces circonstances qu'en tant qu'elles se trouvent comprises dans les questions posées par la Cour.

et ceux d'atténuation. Une telle assimilation est-elle bien justifiée ?

Les circonstances aggravantes peuvent paraître résulter soit d'un plus grand danger social, soit d'une plus grande culpabilité morale. Le plus grand danger social provient communément d'impulsions et de faits qui peuvent être appréciés d'avance et provoquer des mesures de répression générale. C'est par la menace d'une peine appropriée et sévère qu'il faut agir. Cela conduit, suivant les circonstances, à élever le maximum ou à édicter une augmentation spéciale justifiée par des motifs clairement et rigoureusement reconnus. On aurait, suivant le projet, trois catégories : 1° Cas ordinaires, maximum et minimum rapprochés pour restreindre le pouvoir appréciateur du juge ; 2° circonstances aggravantes minutieusement spécifiées et rentrant dans les définitions de la loi ; 3° cas intermédiaires vaguement indiqués par la loi et définitivement constatés par le juge.

Un tel système n'affaiblirait-il pas l'action répressive du droit pénal ? Une menace conditionnelle, se rapportant à des faits souvent imprévus, plus ou moins exceptionnels et supposant une appréciation difficile et douteuse, produirait-elle bien, comme intimidation, tout l'effet désiré ? Et puis, d'ailleurs, cette redoutable mission d'augmenter les sévérités ordinaires de la loi, par la solution de problèmes assez délicats pour que le législateur ait cru devoir ne les résoudre qu'à moitié, serait-elle bien fidèlement acceptée et remplie ? Serait-il bien souvent fait usage de ces rigueurs exceptionnelles reposant sur des causes peu définies ?

Quant à l'appréciation de la culpabilité morale, n'est-il pas dans la nature du droit pénal qu'elle y exerce une action purement restrictive ? Augmenter la peine en vue de considérations étrangères au danger social, n'est-ce pas empiéter sur les droits de la Divinité ? Est-ce bien là ce qui est proposé ? Une pareille tâche serait-elle acceptée sans une profonde répugnance ? Y aurait-il beaucoup de jugements rendus dans ce sens ?

Les circonstances atténuantes soulèvent moins de doute. Le système se trouve ici modifié par l'admission possible de circonstances non déterminées par la loi. Il nous semble même que le projet donne à ces circonstances une plus grande importance qu'aux autres ; ce dont le motif nous échappe (art. 93 et 96 comparés) (1).

S'il fallait absolument tirer les conséquences de ce qui précède, nous dirions : Les circonstances aggravantes telles qu'elles sont proposées devraient être écartées , sauf à hausser le maximum des peines. Quant aux circonstances atténuantes , il serait peut-être mieux de les abandonner complétement à l'appréciation du juge, sauf à exiger qu'il indique celles qu'il admet. Ce serait un moyen terme par lequel on acquerrait la certitude d'avoir l'expression de la majorité , ce qui n'a pas lieu dans le système des circonstances indéterminées , chaque juré pouvant en admettre une différente de celles qui sont consacrées par les autres.

§ 4.

Nous serons très-court sur le titre III, où sont exposées successivement en trois chapitres , dont un commun , les causes d'extinction de l'action pénale et celles dont la peine est l'objet.

L'action pénale s'éteint, suivant les circonstances, par la mort de l'accusé , par l'amnistie , par la renonciation de la partie offensée , par la prescription.

La renonciation de la partie offensée ne produit ses effets que si l'instance est poursuivie par cette dernière. L'accusé n'est pas tenu de l'accepter.

Sauf les cas où il en a été décidé autrement, l'action pénale se prescrit par vingt ans s'il s'agit des travaux forcés à perpétuité, quinze ans s'il s'agit d'une peine de réclusion supérieure à vingt ans , dix ans s'il s'agit d'une peine de réclusion s'élevant à vingt ans au plus ou d'une autre peine criminelle, cinq ans s'il s'agit d'une peine correctionnelle , d'un an s'il s'agit d'une peine de police.

______

(1) Art. 93. « Quando néi reati concorre una sola delle circostanze scusanti enunciate nell' articolo 91, il giudice potrà applicare il minimo della pena stabilita dalla legge; se ve ne concorrono più, dovrà la pena applicarsi nel minimo e potrà anche diminuirsi di un grado. »

Art. 96. « Indipendentemente dalle disposizioni degli articoli precedenti, quando il giudice nella sua prudente estimazione dichiari concorrere a favore degli imputati di crimini o delitti altre circostanze attenuanti non determinate espressamente dalla legge, la pena del reato sarà per questa sola causa diminuita di un grado. »

Ce système n'est-il pas bien compliqué et d'une application plus ou moins douteuse ? Peut-on savoir à quelle peine le condamné aurait été soumis s'il eût été jugé, expressions admises dans le texte ? L'article 104 résout en partie cette difficulté en disant que si un jugement par défaut est suivi de débats contradictoires tels que la seconde condamnation doive être inférieure à la première, la peine à prononcer sera prise en considération pour la durée de la prescription. Cela est juste, mais cela suppose que le jugement par défaut n'avait pas encore acquis une autorité définitive. Nous ignorons s'il en sera toujours ainsi. Ce sont des questions qui nous échappent plus ou moins, parce que le fond du droit s'y mêle à la procédure. Il semble seulement que les termes sont bien longs et qu'il aurait été suffisant de s'en tenir, pour les fixer, à la division tripartite des faits punissables. Pourquoi ne pas faire pour les crimes ce qu'on a fait pour les délits et les contraventions ?

S'il faut, pour agir, une autorisation spéciale ou la solution d'une question préjudicielle, la prescription ne court pas avant que cette autorisation ait été donnée ou la question définitivement jugée.

Viennent ensuite les causes d'interruption pour lesquelles le projet se réfère en partie au code de procédure pénale.

L'action civile résultant d'un fait punissable reste soumise à la prescription consacrée en droit civil.

La peine s'éteint par les mêmes causes que l'action, et, en outre par la grâce générale ou spéciale, *indulto e grazia*, et par la réhabilitation.

La renonciation de la partie offensée ne produit ses effets que dans les cas spécialement prévus par la loi. Les termes voulus pour la prescription sont augmentés au sujet des peines. Ils sont portés, suivant les cas, à trente, vingt, dix et deux années courant dès le jour où la condamnation est devenue irrévocable ou dès le jour où l'exécution commencée a été interrompue.

Les condamnations civiles portées en des jugements intervenus en matière répressive restent soumises aux règles du droit civil.

La prescription est d'ordre public, ni l'inculpé ni le condamné ne peuvent y renoncer : elle est appliquée d'office.

Nous ne croyons pas devoir entrer dans l'exposition détaillée des effets produits par ces divers modes d'extinction de l'action pénale ou de la peine. Cela nous forcerait à dépasser les limites que nous nous sommes imposées.

www.ingramcontent.com/pod-product-compliance
Ingram Content Group UK Ltd.
Pitfield, Milton Keynes, MK11 3LW, UK
UKHW021657090726
13657UKWH00005B/2009